Cómo Evitar un Colapso en una Media Maratón: ¡10 Cosas que Debes Saber Para Asegurarte de Que tu Primera Media Maratón no Sea la última!

por Scott O. Morton

LERK Publishing, LLC

Diseño de cubierta: LERK Publishing, LLC

ISBN **978-1-947010-37-6** (paperback)

Sígueme en Facebook y Twitter:

Twitter: @BeginR2FinishR

Facebook: facebook.com/BeginnerToFinisher/

Website: www.halfmarathonforbeginners.com

Email: scottmorton@halfmarathonforbeginners.com

Para mi hermano, Kevin.

Como evitar un colapso en una media maratón

Exención Medica

La información en este libro está destinada a complementar, no a reemplazar, la capacitación adecuada de media maratón. Un deporte que involucre velocidad, equipo, equilibrio y factores ambientales, y correr, implicará algún riesgo inherente. Los autores y el editor aconsejan a los lectores que asuman la plena responsabilidad de su seguridad y conozcan sus límites. Antes de practicar las habilidades descritas en este libro, asegúrese de que su equipo esté bien mantenido y no tome riesgos más allá de su nivel de experiencia, aptitud, entrenamiento y nivel de comodidad.

Si tiene lesiones relacionadas con el deporte, le sugiero que hable con un profesional médico para determinar si está lo suficientemente en forma como para soportar correr. No buscar consejo médico podría exacerbar aún más una lesión existente. No soy un profesional legal o médico, ni estoy ofreciendo ningún tipo de asesoramiento legal o médico. Una última vez, si está lesionado o tiene afecciones médicas que le impiden participar en un riguroso programa de entrenamiento de carrera, solicite la opinión de un médico autorizado antes de participar en cualquier entrenamiento físico. Si bien el entrenamiento requerido para una media maratón no es tan difícil como el entrenamiento para una maratón completa, todavía impulsará sus capacidades mentales y físicas.

Si bien el entrenamiento requerido para una media maratón no es tan difícil como el entrenamiento para una maratón completa, todavía impulsará sus capacidades mentales y físicas.

Otros libros de Scott O. Morton

Serie de Principiante a Finalizador:

Libro 1: *Porqué los Nuevos Corredores Fallan: 26 Consejos que deberías conocer antes de comenzar a correr !*

Libro 2: *Furia 5K: ¡10 Pasos comprobados que te llevaran a la línea de meta en 9 semanas o menos!*

Libro 3: *Titán 10K: ¡Ve más allá de los 5K en 6 semanas o menos!*

Libro 4: *Guía de principiantes para Medio Maratón: Una solución simple de paso a paso que te llevará a la línea de meta en 12 semanas!*

Libro 5: *Trucos para Carreras Largas: ¡20 Consejos para ayudarte a avanzar a través de carreras difíciles!*

Libro 6: *Cómo evitar un colapso en una media maratón: ¡10 cosas que debes saber para asegurarte de que tu primera media maratón no sea la última!*

Libro 7: *Máquina de maratones: ¡Rompe tus barreras en 18 semanas y conquista tu sueño! (PRÓXIMAMENTE)*

Caminar para Súper-Cargar tu vida:

Libro 1: 42,000 pasos: ¡100 formas sencillas de maximizar tu conteo diario de pasos!

Libro 2: Caminata Súper-Cargada: ¡20 métodos simples para ayudarte a subir de nivel tus pasos! *(PRÓXIMAMENTE)*

Libro 3: Caminatlón - ¡Planes comprobados de entrenamiento de caminata para terminar una maratón de 5K, 10K o media maratón! *(PRÓXIMAMENTE)*

¡BONO ESPECIAL GRATIS!

REGÍSTRESE PARA RECIBIR UN PROGRAMA DE ENTRENAMIENTO DE MEDIO MARATÓN DE 5K, 10K Y MEDIO.

BONO # 1
¡UNA HOJA DE REGISTRO PARA REGISTRAR SU ENTRENAMIENTO!

BONO # 2
¡UN PREDICTOR GRATIS DE RITMO DE MEDIO MARATHON!

Haga clic aquí

Tabla de Contenidos

Por qué escribí este libro

Parece que hay un buen número de personas que quieren dar el salto de correr 5K o 10K a medias maratones y más allá. De los comentarios recibidos durante el año pasado, muchas personas luchan con el lado mental de correr. Modelar y fortalecer su mente ayudará a que sus carreras más largas sean más manejables (note que no dije que fuera más fácil).

Correr es un reto en sí mismo. Por cada milla que recorremos nuestros cuerpos se agotan cada vez más. Nuestra mente está continuamente encontrando nuevas formas de evitar nuestro progreso y desviarnos del camino. He corrido más de 50 carreras y te prometo que el lado mental de correr siempre está ahí. Sin embargo, puedes aprender algunas técnicas en este libro que podrían ayudarte a fortalecer tu entrenador interno y sofocar a tu crítico interno.

A todas tus futuras carreras te deseo lo mejor.

No existen atajos

¿Por qué toma tanto entrenar para una media maratón?

Cuando eres un corredor principiante entrenando para tu primera media maratón, el final de los horarios de entrenamiento puede parecer un poco intimidante. La mayoría de los programas de entrenamiento de media maratón, especialmente para los nuevos corredores, tienen entre 10 semanas y 16 semanas de duración total. ¿Por qué lleva tanto tiempo entrenar para una media maratón si eres un nuevo corredor? La razón más importante por la que lleva tanto tiempo prepararse para una media maratón es que los cuerpos de los nuevos corredores no están condicionados para correr de 2 a 4 horas. Si incrementa lentamente su millaje total semana a semana, puede y preparará su cuerpo para la distancia de 13.1 millas.

No existen atajos.

Si no me cree, vaya y pregunte a un corredor de maratón. Su cuerpo tiene que aprender a almacenar glucógeno. El proceso básico de creación de su almacén de glucógeno se ve así:

- Correr una carrera de larga duración de X millas. (siendo x el número de millas necesarias para la semana).
- Sus músculos se descomponen y se reconstruyen en 24-48 horas.

- La capacidad de sus piernas para almacenar más glucógeno aumenta lentamente de una semana a otra.
- La comida y el descanso ayudan a recargar sus nuevas reservas de energía expandidas para que pueda correr un poco más cada semana (por eso es importante descansar).
- Repita los pasos anteriores mientras aumenta su plazo.

¿Realmente lleva al menos 12 semanas entrenar para 13.1 millas?

No, no si usted un corredor experimentado. Digamos que corro 3 millas 4 veces a la semana. ¿Puedo salir y correr una media maratón en un momento dado sin entrenamiento de larga distancia? Sí, sin embargo, estaría poniendo mi cuerpo en un riesgo extremo de lesión y posiblemente peor. Hay una razón por la que hay miles de planes de entrenamiento de media maratón en Internet. La verdad del asunto es que la mayoría de los planes de entrenamiento de media maratón tienen un "amortiguador" integrado en el plan de entrenamiento. Esto permite la posibilidad de enfermedades o lesiones leves en las que no puede correr a largo plazo durante esa semana.

¿Qué sucede cuando te enfermas o te lesionas y te pierdes una carrera importante durante un ciclo de entrenamiento de media maratón? Si por alguna razón se enferma y no puede hacer una carrera de larga distancia (para una media maratón que supere las 9 millas), siempre que complete al menos tres carreras en y sobre las 9 millas, debería poder terminar una carrera. Medio maratón. Esto de ninguna manera es una excusa o una razón para aflojar y no correr todas sus carreras de larga distancia. 3 carreras largas de 9 millas o más sería el mínimo entrenamiento que recomendaría para completar una media maratón sin lesiones.

Descanso necesario

Descanso / Recuperación

El descanso y la recuperación a veces son subestimados. Durante los años 70, los corredores a menudo corrían todos los días sin descanso. Eventualmente, si corre todos los días sin interrupciones, sufrirá algún tipo de lesión. Correr es un deporte de impacto. Su cuerpo golpea continuamente el pavimento milla tras milla, lo que afecta sus ligamentos, articulaciones, músculos y huesos con cada zancada.

Desde la década de 1970, se ha realizado estudio tras estudio sobre prevención de lesiones para corredores. Una de las principales razones para que ocurra una lesión relacionada con la carrera fue la falta de descanso o recuperación. Además, en la parte superior de la lista estaba el correr mientras se estaba lesionado, se sorprendería de cuántas personas aún corren mientras están lesionadas. Al explorar los aspectos físicos y mentales del descanso, así como el descanso durante su programa de entrenamiento y el día de la carrera, podemos ayudar a arrojar algo de luz sobre el área.

Descanso - El lado físico

Cuando corre a cualquier distancia, está fatigando los músculos de tu cuerpo. Los músculos de las piernas necesitan de 24 a 48 horas para reconstruirse. Si corre continuamente, todos los días, sus músculos no se desarrollarán tan eficientemente si solo toma unos pocos días de descanso por semana. En sus días de descanso, no tiene que estar completamente inactivo, simplemente no corra. En uno de sus días de descanso durante la semana, intente realizar algún tipo de entrenamiento cruzado, como levantamiento de pesas.

Descanso – El lado mental

¿Alguna vez se ha despertado y sabía que necesitaba hacer la carrera del día, pero estaba demasiado aturdido? Bueno, lo más probable es que la razón por la que no quiso correr fue por la falta de descanso. Lo sé porque he estado allí antes.

Ojos ardiendo, boca abierta por bostezo continuo, mientras miro mi programa de carreras para ese día. Y, por supuesto, es una carrera larga que necesito abordar hasta 10 millas. Opté no dormir la noche anterior a esta carrera programada. En lugar de seguir adelante con la carrera, opté por posponer la carrera para el día siguiente. A veces, descansar es más importante que correr. Siempre puede reprogramar una carrera, pero si su cuerpo solo está funcionando al 25% de su capacidad, probablemente sea mejor dejar sus zapatos para correr por el día.

Descansar durante el entrenamiento

Si eres un corredor de media maratón por primera vez o un corredor bastante nuevo, sugiero tener al menos un día de descanso en el que realice una cantidad mínima de ejercicio. El mejor día para un descanso completo sería el día después de carreras largas. La carrera larga debe ser la más vigorosa y agotadora de la semana. Durante este día de descanso, su cuerpo está reconstruyendo sus músculos y entrenando a su cuerpo para aumentar sus reservas de glucógeno, lo que permite que su cuerpo aumente su kilometraje a correr semana tras semana.

Descansa antes del día de la carrera

Los nuevos corredores de media maratón pueden tener dificultades para dormir bien la noche anterior a una carrera. Por lo general, la noche anterior a una carrera usted está nervioso y ansioso y tiende a dar vueltas y vueltas durante toda la noche. Me gustaría poder decirles que después de correr un par de medias maratones, su descanso mejorará la noche anterior a una carrera, pero en mi caso, no lo ha hecho. He corrido 8 medias maratones e innumerables 5K, y aún no duermo lo suficiente la noche anterior a una carrera. Normalmente duermo bien dos noches antes de la carrera y, por supuesto, la noche después de terminar una carrera.

Si quieres tener una exitosa carrera de media maratón, te insto a que te asegures de que has calculado suficiente descanso en tu programa de entrenamiento.

Hidratación

Durante su entrenamiento de media maratón, la hidratación juega un papel clave para ayudarle a terminar la carrera. ¿Hay algunos corredores que pueden correr una media maratón completa sin hidratarse durante la carrera? Puede entrenar su cuerpo para correr toda la distancia con solo el agua que bebe antes de la carrera. Por primera vez en la mitad de los corredores de maratón, esto no es factible. Aquí hay un desglose de algunas áreas clave durante su entrenamiento de media maratón que debe considerar para propósitos de hidratación.

Hidratación durante las carreras base

Una carrera base es una carrera que está diseñada para ayudar a construir su base para mantener una mayor duración de las carreras. En el nivel inicial durante su entrenamiento de media maratón, las carreras de base consisten en millas de 2 a 6 millas (la mayoría de estas son de 3 y 4 millas). Cuando entrené para mi primera media maratón, bebí alrededor de 12 onzas de agua antes de la carrera y nada más durante la carrera. Después de completar la carrera de la milla base, bebí algo para reemplazar mi pérdida de sodio, como G2 Gatorade.

Hidratación durante tus largos recorridos.

Durante mis carreras largas, cualquier cosa en exceso de 6 millas para mí, usé un paquete de hidratación CamelBak. Llené mi paquete de 2 litros solo hasta la mitad, ya que no necesitaba 2 litros de agua. Me entrenaría para beber agua solo en el marcador de la milla. Otra estrategia que se usa comúnmente es beber algunos sorbos de agua cuando sientas sed, de esa manera no tienes que pensar demasiado. Si no planea usar un paquete de hidratación para su carrera real, sino que desea llevar una botella deportiva de mano, puede realizar el mismo tipo de sorbo cada milla o cuando tenga sed.

Si tiende a sudar mucho, es posible que deba aumentar la ingesta de líquidos o algún tipo de bebida deportiva con electrolito. La cantidad de necesidades de líquidos de cada persona varía de persona a persona. Es posible que tenga que experimentar un poco para averiguar cuánta agua necesita su cuerpo. En mi guía de media maratón, proporciono una estrategia simple para determinar cuánta agua necesitará para su carrera de media maratón.

Hidratación en el día de la carrera.

Antes del inicio de la carrera, intente beber al menos 12 oz (1/3 de litro) de agua. Si está compitiendo con sus propias botellas de agua de mano, cinturón de hidratación o paquete de hidratación, debe saber cuánta agua debe empacar y cuánto beber el día de la carrera. Si está compitiendo sin ninguna ayuda de hidratación, debe explorar las ubicaciones de las estaciones de agua a lo largo de su campo de carreras. Algunas estaciones de agua pueden tener brechas de hasta 3 millas entre sí. En este caso, me detendría a caminar y bebería un vaso de agua en cada estación de agua. Si ha estado sudando mucho, tome una taza llena de bebida deportiva al mismo tiempo.

No beba demasiado antes de su carrera.

Si ha bebido demasiada agua antes de tu carrera, su estómago se moverá por todas partes y le hará sentir incómodo. Si este es el caso, trate de usar el baño y relájese.

Extra

Si está bien hidratado y en realidad no necesita más agua en ninguna estación de agua en particular a lo largo de su ruta, tome una taza y vuélvala sobre su cabeza. Los voluntarios se reirán y usted se enfriará por unos minutos. Si realmente quiere que los voluntarios se rían, pásalo a tu compañero de carreras. He hecho esto muchas veces durante mi historia de carreras.

Energía

¿Como energizarse?

Para los principiantes absolutos, determinar cuándo y cómo energizarse durante el entrenamiento siempre es difícil de determinar. Una de las principales razones por las que los principiantes se pierden cuando se trata de energizarse, se debe a todas las opiniones diferentes que flotan alrededor. Las compañías suplementarias desean que usted consuma tanto como su cuerpo se asimile por hora, lo cual es aproximadamente entre 250 y 350 calorías, dependiendo de su metabolismo. Algunos corredores de súper elite, que son individuos extremadamente raros, logran entrenar a sus cuerpos para que funcionen con cero calorías adicionales, excepto por su comida antes de la carrera y el agua durante la carrera. Para el corredor principiante y promedio, las probabilidades están en contra de ellos si no se alimentan durante el entrenamiento para una maratón. Sí, estoy seguro de que se ha hecho, pero ¿a qué costo para su cuerpo?

¿Realmente necesito energizarme para una media maratón?

Esta es una cuestión de preferencia. Creo que el jurado está fuera y creo que es 50/50 sobre si o no energizarse para una media maratón. Si nunca planeas correr una maratón, entonces puedes considerar e incluso intentar correr la media maratón sin hacerlo. Si planeas pasar a carreras más grandes, sería mejor para usted aprender a energizarse a un nivel más bajo porque la maratón requerirá algún tipo de combustible para que pueda terminar la carrera. Lo que quiero decir es que, si usted es un corredor de maratón experimentado, entonces probablemente no necesitará energizarse para la media maratón. Un simple desayuno con suficientes calorías sería suficiente. De nuevo, es una cuestión de preferencia. Sin embargo, si esta es su primera media maratón, me inclino por energizar.

Carreras de menos de 60 minutos

Los nuevos corredores que duran menos de 60 minutos, que son aproximadamente entre 4 y 7 millas, solo necesitan agua durante su carrera. No hay necesidad de comer un paquete de gel para carreras que duren menos de 60 minutos. La energía no se agotará y debería poder completar fácilmente la carrera

Carreras de entre 60 y 90 minutos.

Esta es una zona gris para nuevos corredores. Mi mejor consejo es que si está entrenando para una media maratón o una maratón y sus carreras duran entre 60 y 90 minutos, debe seguir adelante y entrenar a su cuerpo para que acepte los geles que usarás en la carrera. Si solo está corriendo para correr y no está realmente "entrenando" para una carrera, entonces puede solo beber agua y energizar. Cada corredor individual tendrá que experimentar con esta área gris. Por mi parte, no me energizo durante mis carreras que duran menos de 90 minutos, lo que equivale a unas 8 a 9 millas.

La clave aquí es escuchar al cuerpo y, si está empezando a sentirse fatigado, siga adelante y proceda a energizarse pasados los 60 minutos.

Carreras de más de 90 minutos.

Si está entrenando para una media maratón o maratón, te recomendaría que durante sus carreras largas utilice geles energéticos que estarás comiendo en la carrera. No olvide que el entrenamiento es el momento de experimentar con geles. Los geles tienen diferentes sabores, así como diferentes ingredientes. En su mayor parte, los geles energéticos tienen 100 calorías y ofrecen potasio y sodio. A algunos corredores les gustan los geles con un aumento de cafeína, mientras que a otros no. Algunos corredores, incluyéndome a mí, chupan bloques entre su dosis de geles de energía durante una carrera. Cada bloque tiene aproximadamente 30 calorías.

Entrenamiento = Tiempo de pruebas

Lo mejor y lo peor de la capacitación es que puede probar su carga de energía. Como corredor, sé de primera mano que cada corredor es diferente y el número de requisitos de energía varía de un corredor a otro. A algunos corredores les gusta tomar un gel justo antes de una media maratón y una carrera de maratón, mientras que otros no comen su primer gel hasta 45 minutos después de la carrera.

Mi estrategia de aprovisionamiento de combustible de media maratón

Energizantes: geles GU Energy (paquete de variedades), bloques Clif Shot - paquete de variedades o sandía.

He probado todos los sabores de GU y tengo la suerte de que mi estómago nunca haya estado en desacuerdo con ningún sabor de GU todavía. Si tuviera que elegir un favorito iría con sandía y crema de naranja.

Peso: 220 libras Altura: 6 '3 "

Comida previa a la carrera (tan pronto como me levante): 4 piezas de pan de canela, 2 huevos revueltos, 1/2 taza de avena y mantequilla de maní. (600-700 calorías)

Sin Gel de pre carrera - Podría comer un pequeño refrigerio como una barra de energía.

30 minutos - 1 gel (beber agua con gel)

45 minutos - 1 bloque

60 minutos - 1 gel (beber agua con gel)

1 hora 15 minutos - 1 bloque

90 minutos - 1 gel (beber agua con gel)

1 hora 45 minutos - 1 bloque

2 horas - 1 gel (beber agua con gel)

2 horas 15 minutos - 1 bloque (si es necesario, normalmente termino a las 2:15)

La cantidad total de calorías que consumo durante una media maratón es de aproximadamente 500 calorías.

Cada corredor es diferente

Lo más importante es que cada corredor es diferente. Necesita experimentar para encontrar lo que funciona mejor para usted. Recuerde que, a veces, quedarse sin energía en una carrera no tiene que ver con el abastecimiento de energía, sino que puede deberse a la falta de un sueño adecuado o la sensación de estar bajo el clima. Todos los corredores de todos los niveles de edad sufren de pésimas carreras, lo prometo. La clave es descubrir qué funciona mejor para su cuerpo para ofrecerle las mejores condiciones de carrera.

Objetivo Principal

No cometas un error común en la primera maratón

Los nuevos corredores de media maratón se sumergen en sus planes de entrenamiento con diferentes grados de objetivos y metas. Algunos corredores intentan terminar la carrera con un ritmo y tiempo predeterminados, mientras que otros corren la media maratón para apoyar una causa digna. Cualesquiera que sean las razones para correr una media maratón, no pierda de vista su objetivo principal. Si usted es un corredor de media maratón por primera vez, su objetivo principal debe ser simple y fácil de lograr. Un gran objetivo para llevar con usted durante su entrenamiento de media maratón es simplemente terminar la carrera.

La carrera es contra ti mismo y nadie más

De acuerdo, si usted competitivo, entonces este párrafo puede hacer que se estremezca un poco, de hecho, puede saltar al siguiente párrafo. En primer lugar, soy competitivo, por lo que entiendo por qué quiere competir con todos a tu alrededor. Mi propósito para escribir estos artículos y publicaciones es que sea lo más simple posible para que una persona promedio complete una media maratón. Incluso si el objetivo del corredor es terminar la carrera caminando la media maratón completa. Hacer que su objetivo sea fácil de alcanzar para tu primera media maratón le ayudará a asegurarse de que terminará la carrera.

Otros objetivos a tener en cuenta.

No solo quiere terminar la carrera, sino que supongo que probablemente querrá terminar la carrera sin lesiones. Para ayudar a garantizar que termine una carrera de media maratón libre de lesiones, debe practicar escuchar su cuerpo. Si está lesionado o le duelen los músculos, asegúrese de tomarse el tiempo para estirar los músculos con un rodillo de espuma o una bola de gatillo. Si está lesionado por solo una semana la capacidad total de su capacidad para almacenar glucógeno solo disminuirá ligeramente. Si encuentra que su cuerpo está lesionado por más de 2 semanas, su capacidad para almacenar glucógeno no se ha caído por completo en un precipicio, por lo que aún podría terminar su plan de entrenamiento de media maratón. Si su lesión lo tiene fuera por 3 semanas más, le sugeriría que reinicie su programa de entrenamiento cuando se sane sin una lesión aparente sostenida.

No entrenar cuando está lesionado

Sé que me estoy repitiendo un poco, pero quiero profundizar esto en su cabeza. Quiero que tenga una carrera larga y no se detenga corriendo cuando no debería estar corriendo. He tenido mi parte justa de dolores y molestias durante mis muchos ciclos de entrenamiento de media maratón. Durante mi sexta mitad del ciclo de entrenamiento de maratón, tuve problemas con mi arco en mi pie derecho, donde experimentaba un dolor agudo y errático en mi pie, seguido de cólicos leves. Los calambres ocurrieron durante mis carreras más largas de 6 millas más.

Escuché mi cuerpo y me tomé unos 9 días de descanso. En lugar de correr, caminé todos los días y usé un rodillo para pies para ayudar a resolver cualquier problema de tejido facial alrededor de mi arco en mi pie. También pasé algo de tiempo extra en el gimnasio levantando pesas y realizando estiramientos de pies y piernas. Después de un descanso de nueve días de la carrera, ya no experimentaba los dolores agudos.

¿Cómo puedo saber si estoy lesionado?

La forma en que me enfoco a los dolores y / o lesiones, es así:

Rigidez leve, o leves molestias o calambres: disminuyo la velocidad de mi paso para caminar si tengo que hacerlo. Si es necesario me detendré y estiraré mi rigidez o calambres.

Dolor mediano (un poco más difícil de juzgar): este dolor suele ser un dolor repentino que se experimenta durante la carrera, desaceleraría la caminata y luego lo suspendería por 2 o 3 días y luego volvería a mi ciclo de entrenamiento.

Dolores que requieren que detenga todo inmediatamente: no he experimentado esto antes, pero lo que me han dicho otros corredores, esto puede venir en forma de LCA, desgarros de MCL, calambres severos, dolor extremo en el talón por la **fascitis plantar**. Obviamente, si la lesión es lo suficientemente grave, querrá dejar de correr y consultar a un médico deportivo lo antes posible.

Correr dentro de sus propios medios

Cada corredor tiene diferentes umbrales de dolor y lesión. Es importante escuchar a su cuerpo mientras corre y si necesita disminuir la velocidad o dejar de correr por completo durante los próximos días, es posible que esté mejor en descanso. He sido afortunado y no he tenido ninguna lesión debilitante de carrera hasta la fecha. Utilizo un enfoque extremadamente cauteloso para correr. Si tengo otros dolores que no sean calambres, tomo mis piernas para una prueba de manejo antes de acumular millas durante el día. Además, recuerde realizar siempre un enfriamiento y estiramiento adecuados después de correr el día, especialmente después de correr más.

Plan de respaldo

Desarrolla una estrategia para terminar su primera media maratón.

Al comenzar su entrenamiento para su media maratón, considere desarrollar una estrategia para terminar su carrera. Si planeas recorrer la media maratón completa, entonces su única estrategia será caminar a paso rápido para que pueda terminar la carrera antes de la hora límite. Si planea correr toda la carrera, entonces necesita pasar algún tiempo durante el entrenamiento desarrollando una estrategia de respaldo por si acaso.

Plan de respaldo B

Durante algunas de sus carreras largas durante su entrenamiento, considere trabajar en un plan de respaldo en caso de que no pueda correr toda la carrera. Hay varias estrategias flotando en internet. Aquí hay algunos de ellas que puedes probar.

Intervalos para caminar y correr.

Sí, ha leído bien, caminar y correr. No escribí mal las palabras de arriba. Caminar es la mayoría de los que caminan con intervalos ocasionales de carrera mezclados. Correr en su mayoría es correr con intervalos ocasionales de caminata mezclados. Echemos un vistazo a algunas estrategias detalladas de ambas formas de ejercicio.

Intervalos de tiempo

Para algunos corredores, basar su intervalo de carrera y caminata a tiempo es mucho más fácil de medir, especialmente si usa un reloj inteligente. El intervalo de tiempo para caminar / correr se ve así:

Correr 9 minutos, caminar 1 minuto.

Correr 8 minutos, caminar 2 minutos.

Correr 7 minutos, caminar 3 minutos.

Correr 6 minutos, caminar 4 minutos.

Correr 5 minutos, caminar 5 minutos.

Correr 4 minutos, caminar 1 minuto, correr 4 minutos, caminar 1 minuto

Correr 3 minutos, caminar 2 minutos, correr 3 minutos, caminar 2 minutos

Intervalos de distancia

Para otros corredores, usar marcadores de distancia durante una media maratón podría ser la forma más fácil de saber cuándo tomar un breve descanso para caminar.

Marcadores de millas

En cada marcador de millas, simplemente camine durante 60 segundos o el tiempo que necesite para tomar un breve descanso. Alternativamente, también puede caminar 1/10 de milla / km para tomar un descanso.

Estaciones de agua / asistencia

Otra estrategia alternativa es tomar un breve descanso a pie en cada estación de agua / asistencia. Si puede mantener el mapa del curso durante su ciclo de entrenamiento, los creadores de la carrera normalmente mapearán la ubicación de las estaciones de asistencia y agua. Si conoce las distancias según el mapa, puede tomar su descanso a la misma distancia que en cada estación de agua, luego puede tomar un descanso a la misma distancia que su estación de asistencia de agua durante su entrenamiento a largo plazo.

Caminar a través de las estaciones de ayuda y agua también permite que su cuerpo tome agua mientras camina en lugar de correr. Beber de las tazas pequeñas mientras corre es otra habilidad adquirida por completo. Encontré que doblar la taza en la parte superior y luego beber del extremo doblado es mucho más fácil.

Intervalos geográficos

Otro tipo de estrategia que he usado varias veces en una carrera es caminar cada colina que encuentro. Aquí hay tres estrategias diferentes que se destacan:

Camina por las colinas arriba

Si el circuito de carreras tiene muchas colinas, caminar cada colina podría ayudar a conservar más energía para la última parte de la carrera. En la parte superior, ve hacia el otro lado de la colina.

Camina por las colinas en el camino hacia abajo

Similar a caminar por las colinas hacia arriba pero invertido. Si quieres acelerar tu carrera, entonces corre por las colinas y descansa tus piernas caminando por el otro lado de la colina.

Corre hasta la mitad de cada colina

Esto implica un enfoque mixto cuando se encuentran colinas en el curso. Algunos corredores acelerarán el paso aproximadamente 1/10 de una milla / km desde una colina y empujarán con fuerza la colina hasta que se queden sin vapor y disminuyan la velocidad para caminar. En ese punto, dejan de correr y terminan el resto de la colina caminando.

Un enfoque híbrido

Puede incorporar todos o algunos de estos enfoques en su estrategia de curso de media maratón. Tiendo a caminar durante unos 60 segundos en cada estación de asistencia y agua y luego subo las grandes colinas. Lo más notable es que, al implementar estas dos estrategias, converso parte de mi energía durante las últimas 3 millas de una media maratón.

En conclusión, cada corredor es diferente y algunos corredores elegirán no caminar en absoluto durante su media maratón. La clave es averiguar qué estrategias funcionan mejor para usted.

Mentalidad del corredor

Miedo – El lado mental de correr

Superar el miedo de correr 13.1 millas es uno de los mayores obstáculos para completar una media maratón. El truco es adoptar la mentalidad de un corredor. Voy a contarles un gran secreto que me ayudó a superar mi miedo de tener que correr 13.1 millas. La mayoría de los corredores principiantes no corren las 13.1 millas completas. Vaya, qué secreto. Es verdad. Los súper atletas y otros corredores que intentan batir sus mejores récords personales muy bien podrían correr toda la carrera. He completado ocho medias maratones y una maratón completa. La mayoría de los corredores, como mínimo, caminan a través de las estaciones de asistencia de agua a lo largo del curso. Una vez que me di cuenta de que no tiene que correr toda la distancia, el miedo a correr una media maratón se desvaneció al instante. Mi mente había encontrado una grieta en la armadura.

Creer en sí mismo

Diferentes guías de nutrición, estrategias de zapatos, correr millas por semana, etc. Entre todas estas diferencias, hay una cosa en común acordada por casi todos los corredores: <u>tiene que creer en sí mismo y creer que es un corredor</u>. Sin esto firmemente arraigado en su cabeza, no pasará de la milla nueve y no llegará a la línea de meta. No estoy diciendo esto para desanimarle. Le estoy diciendo esto para prepararte para la batalla mental de correr.

Aprende a apreciar las incomodidades.

Cada vez que asumimos algo nuevo que pondrá a prueba nuestras capacidades físicas y nuestra fortaleza mental, entramos en un estado de incomodidad. En este estado de incomodidad, o zona de incomodidad, nada es rutinario y tenemos que aprender cosas nuevas. Mientras el cuerpo y la mente están en esta zona experimentando nuevos hábitos y rutinas, su cuerpo y su mente están en un estado de crecimiento personal. Sin imponernos en nuestras propias vidas, nos sentimos cómodos y seguros (zona de confort), pero no experimentamos un gran aumento en el crecimiento personal.

Mientras esté en el estado de incomodidad, su mente tratará continuamente de que regrese a la zona de confort. Si sigue un plan de capacitación y sigue los consejos paso a paso de alguien, puede hacer que sucedan cosas extraordinarias. Mediante el uso de afirmaciones y ejercicios visuales, he aprendido a ayudarme a atravesar cualquier zona de incomodidad que haya encontrado.

Zona de desilusión

Una palabra de precaución al entrar en zonas de incomodidad es no sobrepasarse en una zona de desilusión. En otras palabras, no muerdas más de lo que puedes masticar. Por ejemplo, digamos que tengo treinta años y nunca he participado en ningún deporte. Decido que quiero correr una maratón en menos de cuatro horas y entrenarme en las próximas 15 semanas. Esto claramente está saltando demasiado lejos en la zona de incomodidad y esto conducirá rápidamente a lesiones, dejar de fumar o ambas cosas. Conózcase a sí mismo y sus capacidades. En este escenario anterior, un objetivo mucho mejor sería simplemente afirmar que quiero poder correr 5K sin caminar en las próximas 16 semanas. Si bien es genial disparar a las estrellas, este objetivo es mucho más alcanzable que el objetivo anterior.

Afirmaciones / Mantras

Primero aprendí sobre las afirmaciones de un libro escrito por Jack Canfield llamado, *The Success Principles*. Acababa de cumplir cuarenta años y me preguntaba si habría algo que pudiera hacer para mejorar mi carrera y obtener un mayor crecimiento personal. Las afirmaciones son simples afirmaciones positivas que lo ayudan a enfocarse en un resultado final o estado de existencia. Algunos ejemplos podrían incluir, *soy un corredor* o *cruzaré la línea de meta de la media maratón*. Las afirmaciones pueden ser cualquier cosa de cualquier parte de tu vida. La clave es repetirlas varias veces al día. Los mantras, suelen ser palabras o sonidos utilizados en la meditación. Los mantras tienden a ser mucho más cortos, por ejemplo, correr, correr, correr o no dejar de correr. Técnicamente los mantras y las afirmaciones se usan indistintamente. Si no ha usado afirmaciones antes, pruébalo.

Visualizando el éxito

Otra forma clave de mantener tu mente enfocada y romper las barreras mentales es visualizar el éxito. Lo que sea que quiera lograr trata de visualizarte completando la tarea. Si uno de sus objetivos es completar una media maratón por primera vez, cierre los ojos y visualice cómo se sentirá cuando haya logrado la hazaña. Otra forma en que puede implementar la visualización es recortar una imagen suya y colocarla entre una foto de la línea de meta. Coloque esa foto en su refrigerador como un recordatorio de su objetivo. Si continúa repitiendo los ejercicios de visualización y repitiendo las afirmaciones diarias, poco a poco comenzará a sentirse un poco mejor en la zona de incomodidad.

Como evitar un colapso en una media maratón

La carrera larga

La carrera larga

La carrera es la carrera más importante durante tu entrenamiento de media maratón. Si descuidas tus recorridos largos programados, tu cuerpo no estará debidamente acondicionado para terminar la primera maratón de media jornada. Sé que esto puede parecer obvio, pero todas las razones por las que entrena durante 10 semanas más es para permitir que su cuerpo almacene glucógeno para que lo propulsen hasta la línea de meta. Al agregar de manera incremental 1 milla por semana, debe estar cerca de una carrera de 12 millas al final de su programa de entrenamiento. Tres cosas clave que debes hacer para que tus carreras largas funcionen a tu favor en el día de la carrera son: Energizar, Finalizar y Recuperar.

Energizar

Ha habido tendencias recientes y estudios que sugieren que la dieta cetogénica es una mejor alternativa a utilizar cuando se entrena para carreras de larga distancia. En realidad, los estudios han demostrado que, hacia el final de cada una de sus sesiones de carrera, la dieta cetogénica tuvo una ligera disminución en el rendimiento, mientras que la dieta de carbohidratos tuvo un rendimiento ligeramente mejor. La dieta cetogénica es entrenar a su cuerpo para quemar un mayor porcentaje de reservas de grasa (que nuestros cuerpos tienen en abundancia) en lugar de utilizar sus reservas de glucógeno (carbohidratos) para obtener energía. Puede leer el artículo aquí.

Independientemente de si se energiza con carbohidratos o grasas, necesita utilizar sus carreras largas como mini sesiones de entrenamiento de carrera. Iniciar las mismas rutinas en cada carrera larga. Aquí hay una mini lista de verificación de cosas a considerar para su sesión de entrenamiento de larga duración:

Prepare su ropa la noche anterior, zapatos, reproductores de mp3, gafas, cintas para la cabeza, lo que necesite en tu carrera

Despierte y practique comer su comida antes de la carrera (esto puede ser de 400 a 800 calorías y puede incluir pan de canela, panecillo con mantequilla de maní, unos pocos huevos, papitas fritas)

Considere cuánto dura su carrera. Traiga la cantidad adecuada de paquetes de gel que necesita para esa carrera en particular (con cualquier cosa de menos de 60 minutos / 6 millas, no me energizo más allá de mi comida previa a la carrera, esto es una cuestión de preferencia personal)

Post Carrera: coma un refrigerio ligero y reemplaza la pérdida de líquido durante la carrera

En mi publicación, discuto la este tema con más detalle, Como evitar un colapso en un medio maratón - Parte 4 de 10.

Finalización

A menos que se lesione hasta el punto en que los dolores agudos lo apuñalen u obviamente algo más serio, siempre intente terminar sus carreras largas. Esto significa que si tiene una carrera de 9 millas y en la milla 7.5 desea tirar la toalla y detenerse, no abandone. En su lugar, vuelva a una estrategia de caminata, por ejemplo, camine 2 minutos, ejecute 3 minutos, etc. Si no puede correr físicamente más, salga de las millas restantes. Su cuerpo necesita enfriarse de todos modos, por lo que terminar sus últimos dos kilómetros caminando es, en ocasiones, está bien, pero no adquiera el hábito de hacerlo.

Recuperación

Tanto antes como después de su largo recorrido necesita descansar y recuperarse. El día anterior a su carrera larga debe mantenerse en un día de cardio sin impacto. Esto ayudará a permitir que sus músculos se reconstruyan durante 24 horas antes de que se agoten todas sus reservas de glucógeno durante su carrera larga. Después de esto, debe tener un día de recuperación para ayudar a reconstruir su cuerpo. Sus piernas necesitan reconstruir los músculos que se rompieron durante la carrera. Además, necesita comer comidas nutritivas para ayudar a reconstruir sus reservas de glucógeno.

Valores Fundamentales

Valores fundamentales

¿Por qué algunos terminan un programa de entrenamiento de media maratón y una carrera física y otros no? Si echamos un vistazo a dos corredores diferentes de 45 años de edad, ambos con la misma capacidad física, sin lesiones y con la misma capacidad de ejercicio, ¿por qué es posible que uno termine una carrera y otro no tenga éxito? Hay muchas ideas diferentes y razones por las que esto podría suceder. Si redujéramos aún más las diferencias entre cada corredor, ya que ninguno de los corredores se enfermaría. Además, ambos tienen la misma cantidad de tiempo para destinar al ejercicio. Lo único que queda se reduce a los valores fundamentales de una persona. Estos son valores que ayudan a cada persona todos los días a tomar las decisiones que toman.

Si decidimos hoy, que en 12 semanas vamos a completar nuestra primera media maratón, nuestro estado actual cambia de un estado estático a un estado de ánimo de crecimiento. Estamos dejando nuestro estado actual de seguridad y certeza a un estado de crecimiento e incertidumbre. Incertidumbre, puede ser cualquier cosa de "¿Terminaré la carrera?" o "¿Soy un corredor lo suficientemente fuerte como para terminar una media maratón?" Además, esto puede provenir de su pasado, por ejemplo, un entrenador pasado que le dice que "no estaba en condiciones de correr". Si algunas de estas experiencias pasadas te persiguen, necesitarás pasar un poco de tiempo con su yo futuro.

Yo pasado

¿Alguna vez se han reído porque has hecho algo extremadamente tonto que te hizo sentir avergonzado? ¿Alguien le ha dicho que no fue lo suficientemente bueno para hacer algo? ¿Se ha dicho a si mismo que no podía hacer algo debido a alguna circunstancia? Lo más probable es que haya experimentado estas tres cosas. Estas experiencias pasadas pueden arrastrarle especialmente cuando intenta tomar una nueva dirección en la vida (crecimiento). La clave es reprogramarse con nuevas creencias sobre lo que puede hacer y cuándo lo hará. Aquí es donde las afirmaciones pueden ayudar enormemente. Simplemente repitiéndose dos veces al día que "terminaré una carrera de media maratón en <ingresar fecha>". Eventualmente, si sigue repitiendo estas afirmaciones, lo creerá y, con suerte, convertirá esto en un éxito.

Yo presente

Mientras está fuera entrenando para una media maratón, trate de estar en el presente. Sienta cómo sus pies tocan el suelo, concéntrese en su respiración, relaje un poco los hombros y viva el momento. Supongo que este es uno de los mayores atractivos de la carrera para mí. Me tomo un descanso del mundo y me pongo en contacto con mis pensamientos internos actuales y disfruto sintiéndome vivo. Pasamos gran parte de nuestra rutina diaria en el pasado y también buscando el futuro que necesitamos para volver al presente. La meditación, aunque esto no es para todos, puede ayudarlo a concentrarse en el aquí y ahora y librarse de pensamientos pasados y futuros que no llevan a ninguna parte.

Yo futuro

Al practicar varias formas de visualización, ayuda a poner su yo presente en un estado futuro. Cuando comencé a entrenar para mi primera media maratón, seguí esta rutina antes de cada carrera:

Realice unos 5 minutos de estiramiento dinámico (caminatas de rodilla, galope lateral, etc.)

Cierro los ojos y me visualizo terminando mi larga carrera del día. Me gustaría acercarme e intentar imaginar cómo se sentirá al terminar la media maratón.

Practicaría respirar profundamente y tratar de aclarar mi mente.

Al hacer de la visualización o la mediación una rutina diaria, continuamente está haciendo una conexión entre su yo presente y el yo futuro. Eventualmente, estos dos se fusionarán y usted habrá cumplido su tarea que su futuro se visualizaría por sí mismo.

Entrenador interno vs. Crítico interno

USTED Vs. USTED

Si leyó mis publicaciones en *Cómo evitar un colapso en una media maratón*, probablemente se haya dado cuenta de que correr es casi tanto una batalla mental como física. Todos los días nos levantamos e intentamos progresar en alguna área o aspecto de nuestra vida. Cuando introducimos factores adicionales que no forman parte de nuestra rutina normal, se requiere una cantidad adicional de esfuerzo para obligarnos a realizar esas tareas no rutinarias. Por eso no puedo hacer suficiente hincapié en que necesita crear algunas afirmaciones que pueda repetir diariamente. Al repetir estas afirmaciones diarias, puede ayudar a calmar a la crítica interna.

"... el peor enemigo que podrás encontrar siempre serás tú mismo. "

- Friedrich Nietzsche

Critico Interno

Mientras ha estado leyendo esto, es posible que su crítico interno le haya hecho una visita. Es posible que su crítico interno incluso le haya hecho una pregunta cómo, "¿Realmente tiene tiempo para leer esta publicación?" Todos tenemos una crítica interna que critica cada uno de nuestros pensamientos y movimientos. Sí, tiene un muy buen propósito, especialmente para sobrevivir y no cometer errores enormes que hemos cometido en el pasado.

Sin embargo, su crítico interno también escucha fuentes externas y está programado por lo que él oye. Estas pueden ser cosas que haya escuchado de maestros o padres cuando estaba creciendo. A pesar de que he publicado más de 15 libros en varios idiomas, todavía es difícil escribir el siguiente libro. Todavía hoy en día, mi crítico interno me dice cosas como: "No triunfaré como escritor" o "No tengo ganas de escribir hoy". Cuando escucho estas cosas como estas, tengo que despertar al entrenador interno para que venga a luchar contra la crítica interna.

Entrenador Interno

"Sigue, no te detengas, solo te quedan 3 millas". Este es el entrenador interno que está ahí para ayudarte a empujarte cuando necesitas un impulso adicional. El entrenador interno no aparece mágicamente para todos. Algunas personas tienen que ayudar a entrenar al entrenador interno con cosas como la meditación, la visualización y las afirmaciones. Si su crítico interno está apagando las luces de su entrenador, necesita comenzar a realizar una de las tres sugerencias para ayudar a entrenar a su entrenador interno. Elija una o dos afirmaciones con la que quiera comenzar. Si tiene demasiadas, te exagerarán y tenderán a estresarle. Recuerde que las afirmaciones pueden ser para cualquier parte de tu vida. Aquí hay algunos ejemplos más:

Incrementaré mis ventas este año en un 50%.

Correré una maratón antes de <insertar fecha>

Voy a correr 3 millas hoy.

Aprenderé a surfear en julio de 2018 (este fue uno de los míos que logré)

El cielo es el límite. Trate de mantenerlos mensurables con un marco de tiempo incluido.

¿Qué sigue?

Dependiendo de dónde se encuentre en su entrenamiento, uno de los libros a continuación puede satisfacer sus necesidades:

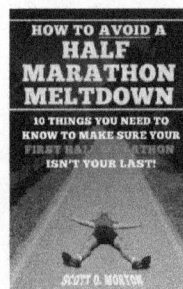

¡NECESITO SU AYUDA!

¡Gracias por leer! Si ha disfrutado de este libro, por favor, déjeme una reseña brillante de 5 estrellas simplemente declarando una o dos frases que describan lo que más le gustó del libro. Otros compradores confían en las calificaciones para que les pueda ahorrar un tiempo valioso al comprar libros nuevos. Me tomo el tiempo para leer cada reseña. Su ayuda y apoyo son muy apreciados.

Haga clic aquí para comentar el libro

Si acaba de terminar una carrera y quiere contárselo a alguien, envíeme un correo electrónico. Me encantaría saber de usted.

Sígame en Facebook y Twitter:
Twitter: @BeginR2FinishR
Facebook: facebook.com/BeginnerToFinisher/
Website: www.halfmarathonforbeginners.com
Email: scottmorton@halfmarathonforbeginners.com

Un adelanto especial de *Por qué los nuevos corredores fallan: 26 consejos definitivos que debes saber antes de comenzar a correr.*

(Libro # 1 en la serie principiante a finalizador)

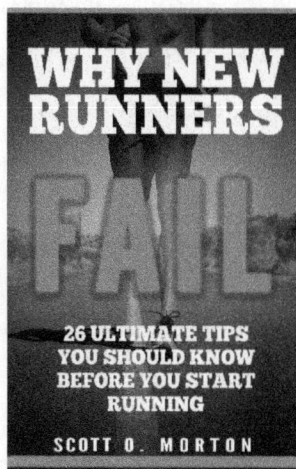

No correr suficiente

Correr muy poco no permitirá que su cuerpo se acostumbre a un programa de entrenamiento. Por ejemplo, digamos que solo se ejecuta dos días a la semana, escojamos lunes y jueves para correr. Cada sesión consta de 1 milla de carrera seguida de 1 milla de caminata.

Negativos:

Su cuerpo no se está acostumbrando a correr.

Es posible que sea más susceptible a las lesiones porque su cuerpo no es capaz de reconstruir y reutilizar los músculos lo suficientemente rápido. Es casi como si su cuerpo se estuviera olvidando de correr entre entrenamientos.

No podrá avanzar mucho más allá de su millaje de entrenamiento.

La marcha inadecuada hace que la lucha mental sea más difícil para la mente. Su mente y su cuerpo piensan que se están reiniciando después de cada sesión de carrera y no están aprendiendo el hábito de correr.

Positivos:

Está haciendo ejercicio

No creo que deba caer por debajo de un mínimo absoluto de tres días corriendo / caminando. Prefiero al menos cuatro días de carrera. Si decide ejecutar un máximo de tres días, le sugiero que se salte cada dos días (ver más abajo).

Tres días de entrenamiento

Lunes	Martes	Miércoles	Jueves	Viernes	Sábado	Domingo
C	D	C	D	C	D	Ca

D=Descansar, C=Correr, Ca=Caminar

Cuatro días de entrenamiento (preferiblemente)

Lunes	Martes	Miércoles	Jueves	Viernes	Sábado	Domingo
C	C	D	C	D	C	Ca

D=Descansar, C=Correr, Ca=Caminar

Pasos a seguir

Correr muy le hace más daño a su cuerpo que tener un horario de carrera normal.

No corra menos de 3 veces por semana si quiere progresar en el deporte de correr.

Un adelanto especial de Furia 5K: ¡10 pasos
comprobados para llegar a la meta en 9 semanas o menos!
(Libro # 2 en la serie principiante a finalizador)

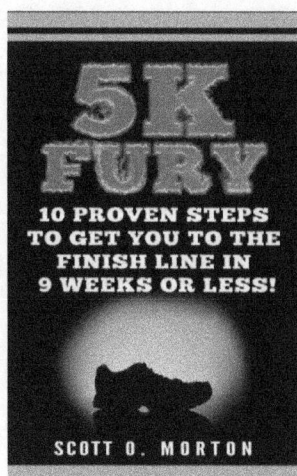

Motivación

¿Por qué algunas personas terminan los maratones y otras no? Creo que todo se reduce a la auto-motivación y determinación. La auto-motivación, aunque probablemente la más fuerte de cualquier otra forma de motivación, no es la única fuente de motivación. Hay varios tipos diferentes de motivación. Tres tipos de motivación que creo que son los más influyentes provienen de las redes sociales, los compañeros activos y usted mismo.

Redes sociales

Las redes sociales pueden ayudarlo a mantenerse enfocado y motivado por su círculo de amigos. Puede publicar los tiempos de carrera y las capturas de pantalla en las redes sociales para permitir que tu círculo de amigos comente y le anime. Las redes sociales le ayudarán a animarse cuando tenga un día en el que no tenga ganas de correr.

Compañeros de carrera

Los compañeros de carrera son la mejor alternativa para usted y su motivación. Ellos entrenan con usted. Le dan comentarios. Le ayudan a mantener el ritmo. Le empujan cuando ya no tiene más energía. Los compañeros también le ayudan a ser responsable de cumplir con su objetivo. Una advertencia para un compañero de carrera es que si carecen de auto-motivación, no serán de mucha ayuda para motivarle.

Tú mismo

La auto-motivación es, con mucho, la fuente de motivación más poderosa. Usted se conoce mejor que nadie. Está acostumbrado a saber cómo funcionan su mente y tu cuerpo. Si no tiene ganas de correr un día, dígase que simplemente correrá media milla. Después de correr media milla, dígase que solo correrá una milla. Al esforzarse solo un poco, puede engañar a tu mente para que corra.

Su motivación podría ser estar saludable y en forma. Además, podría estar motivado solo para demostrarse a sí mismo que puede terminar un 5K o para donar a una buena causa. Cualquiera que sea la motivación, usted y solo usted terminará la carrera.

Clic aquí para comprar

Un vistazo especial,

Titan 10K: ¡Vaya más allá del 5K en 6 semanas o menos!

(Libro # 3 en la serie principiante a finalizador)

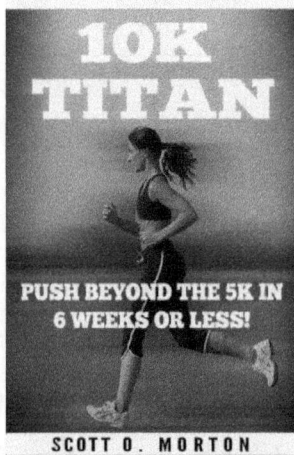

Miedo de correr lejos

Los nuevos corredores temen correr más allá de la distancia de 5K (3.1 millas). ¿Por qué tememos correr distancias más largas? Aquí hay una lista de algunas de las razones por las que podemos decirnos por qué no intentamos correr más de 3.1 millas:

No soy un corredor

No soy un corredor de larga distancia.

Temo que mi cuerpo no pueda hacerlo.

Me temo que podría lesionarme.

Ahora hay que correr tan lejos y por tanto tiempo.

No puedo correr tan lejos.

Tengo demasiado sobrepeso.

Estoy demasiado fuera de forma.

Soy demasiado viejo.

La gente podría burlarse de mí si les digo que estoy entrenando para un 10K.

La lista va más allá de algunas de las razones enumeradas anteriormente en cuanto a por qué podríamos estar evitando correr la distancia de un 10K. Hay demasiados "No puedo" arriba. Tiene que sacudir la frase: "No puedo". Esa frase envenena su mente con incredulidad incluso antes de que comience.

Un vistazo especial,

Guía de media maratón para principiantes: ¡Una solución simple paso a paso para llegar a la meta en 12 semanas!

(Libro # 4 en la serie principiante a finalizador)

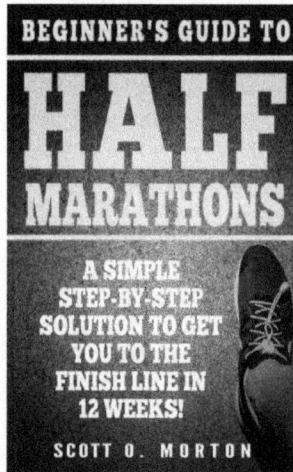

Guía de media maratón para principiantes se ha convertido en Amazon #1 Bestseller.

La mentalidad del corredor. Superar el miedo de correr 13.1 millas es uno de los mayores obstáculos para completar una media maratón. Voy a contarles un gran secreto que me ayudó a superar mi miedo de tener que correr 13.1 millas. El secreto es que la mayoría de los corredores no corren las 13.1 millas completas. Vaya, qué secreto. Es verdad. Los súper atletas y otros corredores que intentan batir sus mejores récords personales muy bien podrían correr toda la carrera. Sin embargo, he completado tres medias maratones y una maratón completa, y la mayoría de los corredores caminarán a través de las estaciones de asistencia / agua a lo largo del curso. Una vez que me di cuenta de que no tiene que correr toda la distancia, el miedo a correr una media maratón se desvaneció al instante. Mi mente había encontrado una grieta en la armadura. Una vez que exploté la debilidad de la bestia de media maratón 13.1, mi mentalidad cambió para siempre en las carreras de larga distancia. Esta misma técnica me permitió completar un maratón también. Alguien que esté leyendo esto ahora mismo probablemente esté diciendo: "Probablemente ha estado corriendo por mucho tiempo". Pude completar tres medias maratones y una maratón completa en el transcurso de un año. Comencé en mayo de 2016 y completé mi tercer medio maratón el 22 de abril de 2017, a la edad de 43 años sin ninguna experiencia previa de larga distancia. No soy de ninguna manera un súper atleta, solo una persona promedio con altas creencias que podría terminar una media maratón. Espero que esto lo aliente a terminar su primera media maratón sin importar a qué edad comience. Si puedo hacerlo, usted también puede.

Finalizar un 5K o un 10K se puede lograr fácilmente con poco o ningún entrenamiento. Si su objetivo es correr o caminar / correr una media maratón, entonces debe decirse a sí mismo que es un corredor. Ya no está corriendo por el ejercicio. Corre para entrenar tu cuerpo para completar su primera media maratón. Ahora está entrenando para una media maratón.

Muchas de las cosas en este libro son únicamente mi opinión. Cada programa de entrenamiento discutido en este libro ha sido utilizado por mí para completar tres medias maratones y una maratón completa. Hay varias escuelas de pensamiento diferentes cuando se trata de cuánto correr por semana se necesita entrenar para una media maratón. Hay diferentes guías de nutrición, estrategias de zapatos, millas recorridas por semana, etc. Sin embargo, hay una cosa en común acordada por casi todos los corredores: tiene que creer en sí mismo y creer que es un corredor. Sin esto firmemente arraigado en su cabeza, no pasará de la milla nueve y no llegará a la línea de meta. No le estoy diciendo esto para desanimarle. Le estoy diciendo esto para prepararle para la batalla mental de correr. Una semana a la vez, un día a la vez, una milla a la vez, y un paso a la vez te llevará a la línea de meta de media maratón.

Acerca del autor

Practiqué deportes durante mi juventud e incluso en mi edad adulta. Corrí mis primeros 5k a la edad de 37 años en marzo de 2008 sin ningún tipo de entrenamiento. Terminé en tercer lugar, aunque mis músculos de las piernas se sentían como si mereciera el primer lugar. Mis piernas estaban adoloridas por seis días después de la carrera. Mi siguiente intento de 5k fue en 2015 a la edad de 42 años en mi ciudad local. No tenía ninguna intención de colocar en absoluto. Terminé corriendo peor que mis primeros 5k por casi dos minutos. Llegué segundo sin ningún entrenamiento. Pensé que ya habría aprendido una lección, no.

En mayo de 2016, estaba volando a Las Vegas para nuestro viaje anual de chicos. Estaba leyendo una revista de Sky Mall, y encontré un artículo titulado "Las 100 mejores cosas que hacer en Las Vegas". El número ocho de la lista fue una carrera por las calles de Las Vegas. Durante la carrera, la ciudad bloquea secciones de la franja. Me enganché. Ofrecieron un 5k, 10k, media maratón y maratón. Me gustaba mucho caminar; de hecho, una de mis actividades favoritas en Las Vegas fue ver cuántos pasos podría obtener en un día (mi récord hasta la fecha es de 42,000). La Media Maratón / Maratón de Rock and Roll se llevaría a cabo en noviembre de 2016. Recorrí Internet en busca de información relacionada con la capacitación para una media maratón.

Mi esposa me preguntó: "¿Por qué demonios quieres correr una media maratón?", Le dije porque físicamente podía hacerlo. Ella dijo: "Solo quieres poner una de esas 13.1 calcomanías en la parte trasera de tu auto". Pero la verdad es que la verdadera razón fue mucho más profunda que eso. Siempre que atrapo un vertedero de polvo fresco en mi tabla de snowboard, no hay otra experiencia como esta. Me siento como un niño otra vez, y me siento vivo. La verdadera razón por la que quería correr era porque quería sentir el logro, sentir el dolor y sentir la gloria de cruzar la línea de meta todo el tiempo sintiéndome vivo. Correr me permite liberar a ese chico competitivo dentro de mí que anhela sentirse vivo.

Otros libros de Scott O. Morton

Serie de Principiante a Finalizador:

Libro 1: *Porqué los Nuevos Corredores Fallan: 26 Consejos que deberías conocer antes de comenzar a correr !*

Libro 2: *Furia 5K: ¡10 Pasos comprobados que te llevaran a la línea de meta en 9 semanas o menos!*

Libro 3: *Titán 10K: ¡Ve más allá de los 5K en 6 semanas o menos!*

Libro 4: *Guía de principiantes para Medio Maratón: Una solución simple de paso a paso que te llevará a la línea de meta en 12 semanas!*

Libro 5: *Trucos para Carreras Largas: ¡20 Consejos para ayudarte a avanzar a través de carreras difíciles!*

Libro 6: *Cómo evitar un colapso en una media maratón: ¡10 cosas que debes saber para asegurarte de que tu primera media maratón no sea la última!*

Libro 7: *Máquina de maratones: ¡Rompe tus barreras en 18 semanas y conquista tu sueño! (PRÓXIMAMENTE)*

Caminar para Súper-Cargar tu vida:

Libro 1: 42,000 pasos: ¡100 formas sencillas de maximizar tu conteo diario de pasos!

Libro 2: Caminata Súper-Cargada: ¡20 métodos simples para ayudarte a subir de nivel tus pasos! *(PRÓXIMAMENTE)*

Libro 3: Caminatlón - ¡Planes comprobados de entrenamiento de caminata para terminar una maratón de 5K, 10K o media maratón! *(PRÓXIMAMENTE)*

¡BONO ESPECIAL GRATIS!

REGÍSTRESE PARA RECIBIR UN PROGRAMA DE
ENTRENAMIENTO DE MEDIO MARATÓN DE 5K, 10K Y
MEDIO.

BONO # 1
¡UNA HOJA DE REGISTRO PARA REGISTRAR SU
ENTRENAMIENTO!

BONO # 2
¡UN PREDICTOR GRATIS DE RITMO DE MEDIO
MARATHON!

Haga clic aquí

www.ingramcontent.com/pod-product-compliance
Lightning Source LLC
Chambersburg PA
CBHW021140020426
42331CB00005B/842